万物有
工艺的秘密
秘密

邓　娟○编著

华东师范大学出版社

·上海·

图书在版编目（CIP）数据

万物有秘密 / 邓娟编著. -- 上海 ：华东师范
大学出版社，2022
ISBN 978-7-5760-2972-7

Ⅰ. ①万… Ⅱ. ①邓… Ⅲ. ①科学知识－儿童
读物Ⅳ. ①Z228.1

中国版本图书馆CIP数据核字(2022)第115090号

万物有秘密

编　著 / 邓　娟
责任编辑 / 吴　余
项目编辑 / 南艳丹
责任校对 / 时东明
特邀编辑 / 黄丽芬　钟　蓉
装帧设计 / 区倩雯　付焕婕

出版发行 / 华东师范大学出版社
社址 / 上海市中山北路3663号　　邮编 / 200062
网址 / www.ecnupress.com.cn
电话 / 021-60821666　　行政传真 / 021-62572105
客服电话 / 021-62865537　　门市（邮购）电话 / 021-62869887
地址 / 上海市中山北路3663号华东师范大学校内先锋路口
网店 / http://hdsdcbs.tmall.com

印刷者 / 佛山市华禹彩印有限公司
开本 / 20开
印张 / 10.2
版次 / 2022年7月第1版
印次 / 2022年8月第2次
书号 / ISBN 978-7-5760-2972-7
定价 / 198.00元（全3册）

出版人 / 王焰

（如发现本版图书有印订质量问题，请寄回本社客服中心调换或电话021-62865537联系）

目录

contents

开门鞭炮满堂红 6

年味满满的灯笼 10

忙趁东风放纸鸢 14

千锤百炼出宝剑 17

学问满满·线装书 21

尖齐圆健·四德毛笔 26

一点如漆·墨 31

纸寿千年·宣纸 35

润色先生·砚台 39

石头印章传承千年 43

高雅肃穆·青花瓷 46

两弦奏百曲·二胡 50

乐声悠扬的笛子 55

细腻温润的玉镯 59

工艺用品小知识 64

开门鞭炮满堂红

　　鞭炮诞生在1000多年前，在没有火药和纸的年代，古人想到用火烧竹竿，让竹竿发出噼里啪啦的声音。古人相信这样可以把凶猛的年兽或瘟（wēn）神赶跑，祈祷国泰民安。北宋时期，火药出现了，民间就用卷纸包裹着火药制成燃放物。

　　如今，我们会在传统节日、婚礼仪式、活动庆典期间放鞭炮，特别是在春节期间，满大街都回荡着此起彼伏的鞭炮声，好不热闹！*

*当然，不少城市为了安全，禁止燃放烟花爆竹。

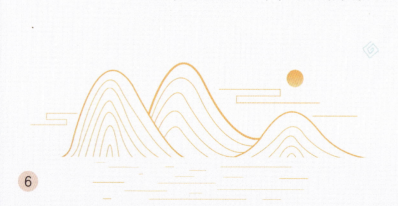

鞭炮的制作过程

1 ### 做鞭炮纸
按照鞭炮的尺寸大小把草纸或牛皮纸裁成一条一条的。

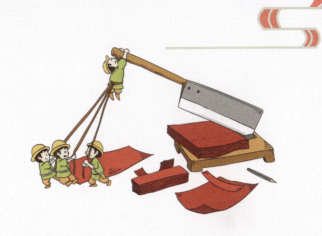

2 ### 扯筒
把裁好的鞭炮纸用滚轴卷成一个空筒。

洗筒 **3**
把卷好的纸筒用麻绳捆起来。

4 装火药

在捆好的纸筒里灌（guàn）入黄土、硝（xiāo），再用铁棍拍实火药。

鼻儿

5 安捻

用针锥把炮捻（niǎn）插入筒里，露在外面的一段捻叫"鼻儿"。

6 封头、打底

用黄土把火药和捻子压紧，称为"封头"；再封住纸筒的另一端，称为"打底"。

 结鞭

用棉线把单个鞭炮结成一串，形状像一条鞭子，这就是"鞭炮"这一名字的由来。

8 包纸

最后，为鞭炮包上薄薄的红纸，这样放完鞭炮后，就能在地上留下大大小小的红纸屑，衬托喜庆的氛围。

年味满满的灯笼

　　灯笼是中国古老的传统工艺品。早在 2000 多年前的西汉时期，人们就有在正月十五元宵节前后挂红灯笼的习俗。唐宋时期，民间还设有灯市。自腊月末至正月初，人们可以在灯市上看到花样繁多的灯笼。而这项传统活动还保留至今。

　　灯笼象征着团圆、喜庆，广受老百姓的喜爱。灯笼一挂，年味更浓。如今，不光是元宵节，在中秋节或其他大型节日，也可以张灯结彩，给节日增添喜庆的气氛。

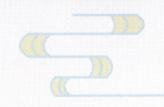

1 剪裁灯笼布

按照图形尺寸和纸板大小，裁出灯笼布。

2 缝合灯笼布

将剪裁好的灯笼布缝合起来。

3 制作灯笼骨架

从滚轮上截出长短相同的几段钢丝，用电焊机把钢丝焊接到两个钢圈之间，做成灯笼骨架。

"使用电焊机时要戴好防护眼镜。"

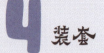

4 装套

把缝好的灯笼布套在灯笼骨架上。

5 灯笼收口

修整灯笼的上下口，固定好灯笼布。按压灯笼上下口，让灯笼的"肚子"鼓起来。

6 贴装饰

给灯笼贴上花饰和福字。

"大笔一挥，迎春接福！"

挂灯笼穗 7

最后挂上金穗，一个漂亮的灯笼就做好了。让我们把它高高地挂起来吧。

忙趁东风放纸鸢

　　风筝的发源地是中国。据史书记载，早在2000多年前，墨子就用木头制作出了会飞的木鸟，木鸟也被称作"木鸢（yuān）"。

　　隋唐两代，随着纸的发明与普及，人们开始用纸来做风筝，所以风筝又被称为"纸鸢"。随着越来越多的人喜欢上放风筝，民间还出现了风筝节。到了宋代，放风筝已经是一种很普遍的户外活动了。从那时起，风筝还成了民间工艺品，人们会在风筝上创作优美的诗词和图画。

做竹条 **1**

先把做风筝骨架用的竹篾（miè）浸泡在水里，泡软后取出。竹篾就是一条条的薄竹片。

2 做风筝骨架

将修好的竹条裁成两根，一长一短，每根竹条开两个豁（huō）口。

豁口

然后，用刀把竹篾破开，做成轻薄又坚韧的竹条。如果竹条做得太粗，就会撑破纸张。

固定风筝骨架 **3**

用棉绳把两根竹条绑成十字形，沿着 4 个豁口，用棉绳围出一个框，棉绳要系牢哟。

"粘稳粘牢，风筝才能飞得更远更高。"

做风筝外衣 4

找来一张马拉纸，根据骨架和棉绳形成的平面，裁剪其形状和大小，用胶水把裁好的纸粘在骨架和棉绳上。

"尾巴最好比风筝长两倍。"

5 做风筝尾巴

用马拉纸裁出两张长长的纸条做风筝尾巴，用胶水把纸条粘在风筝的末端。

装风筝线 6

在十字的中心位置绑上尼龙线，风筝就完成了。

"大功告成！让一让，我的风筝要起飞啦！"

千锤百炼出宝剑

　　"宝剑锋从磨砺出，梅花香自苦寒来。"你听过这句诗吗？意思是锋利的宝剑是从不断的磨砺中得到的，梅花有香气是因为它度过了寒冷的冬季。

　　中国是世界刀剑制造业的鼻祖，早在商周时期，人们就开始用铜、铁等金属来锻造刀剑了。到了春秋晚期，更是出现了一大批能工巧匠，他们以鬼斧神工的精湛技艺，制造出了许多闻名千古的刀剑。

　　一把好的宝刀、宝剑，可是要历经千锤百炼的。

把铁矿石铺在木炭上。

1 提炼生铁

高温提炼出生铁。

2 反复锻打

将提炼出来的生铁反复加热和锻打，除去生铁中的杂质，让整块生铁成分均匀。

"这就是千锤百炼吗？"

3

分出刃材和芯材

根据锻打出的钢坯的碳含量，分出剑刃材料和剑芯材料。

"用巧劲，不要用蛮力。"

"看我力大无穷！"

4

锻打造型

锻打出剑的造型，把钢条夹在中间，锻接成整体。

5  淬火

把剑投入火中加热烧红一段时间后，取出投入冷水中快速降温。

"宝剑宝剑，我今天帅吗？"

6 研磨

用各种磨刀石研磨剑身并为其抛光。

7 装配

最后，给剑配上护手、握把和剑鞘（qiào）。

"嘿，看剑！"

8 试剑

学问满满·线装书

汉代虽然出现了纸，但书写材料仍以竹简为主，而汉唐两代卷轴装的图书占大多数。到了宋代，随着印刷技术的快速发展，人们大量印书，开始出现了各种各样的装订形式，线装书就诞生在宋代。

作为中国古代劳动人民的重要发明，线装是最接近现代意义上的平装的一种装订形式。比起竹简，线装书可以记载的知识量翻了好几倍，让更多知识得以一代传一代，让我们至今可以看到中华民族的悠久历史和优秀文化。

制作前考考你，线装书的不同部位叫什么名字，你知道吗？

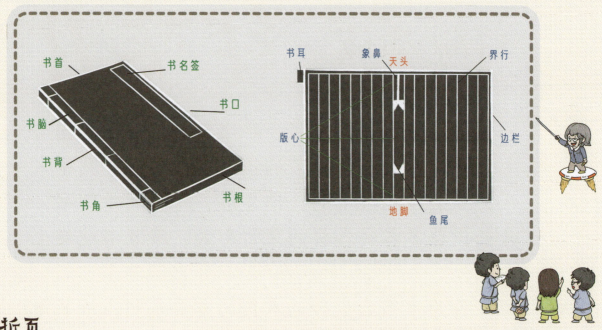

1 折页

对折书页，使前后页版框重合，版心压平。

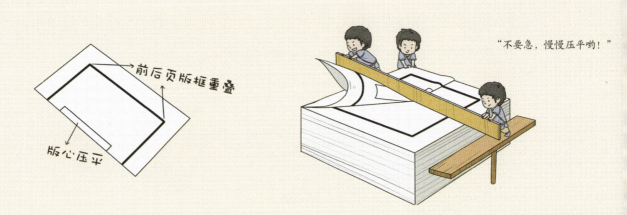

"不要急，慢慢压平哟！"

"这和做平装书的配页很像。"

2 配页做书芯

按页码顺序，将书页一页一页地叠在一起，做出一本书的书芯。

齐栏 3

将整齐的书页散开成扇形，一手捏着前端，一手逐张将书页前口折缝上的鱼尾栏理整齐。

打眼穿纸钉 4

打两个纸钉孔，纸钉的用料与所订书册的纸质相同，并用竖纹纸。

距离书首$\frac{1}{3}$处

距离书脊 6—9mm

5 切书

将粘好封面和封底，配好页的整本书放到三面切书机上，对准上下规矩线切书。

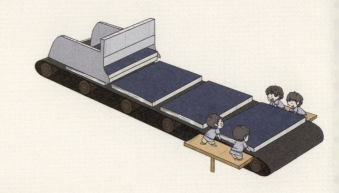

6 包角

为保护书角，在穿线前把书背的上下两个角用布料包住。

"同学们的暑假作业真厚啊！

7 穿线订书

线针眼一般为 4 个，下面的穿线小技巧，要看清楚哟。

距离书脊 13—18mm

穿线小技巧

穿线用双线，入线要正确，拉线要不松不紧。打了 4 个孔后，自中间两孔选择一个插针，往两边方向走针，打结，再从这个结中穿过去，藏住结。

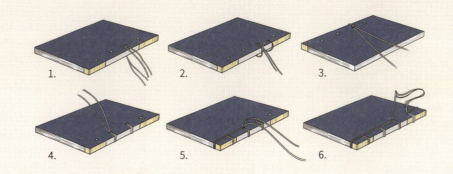

1.　　2.　　3.

4.　　5.　　6.

8 贴书名签

签条的位置对书籍的造型也有一定影响。一般是粘在封面的左上角。

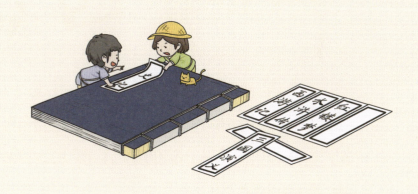

名著线装书即将上市！

宣纸线装书

一本用竹宣纸制成的线装书可以保存 500 年以上。将竹子变成线装书，要花很大工夫，如竹子要采当年生的嫩竹，而且在每年的小满时节开采；又如制造宣纸的水必须水质清澈。此外，因为古法制作宣纸要经过自然晾晒等工序，因此每一张宣纸的制作至少历时半年。制作一本能传阅千秋的线装书是多么不容易啊！

尖齐圆健·四德毛笔

　　毛笔是源于中国的传统书写和绘画工具。虽然我们大多时候都用铅笔、圆珠笔来写字，毛笔却一直出现在我们的生活中，比如我们会在商店招牌、活动庆典，还有春联中看到毛笔字。

　　一支好的毛笔要具备笔头尖、笔锋齐、笔身圆、毛体健的特点，制作起来非常不容易。毛笔的制作过程复杂，无法机械化生产，依赖的是匠人的巧手和经验。我们一起来看看毛笔是怎样在匠人手中诞生的吧！

1 选用毛料

根据笔的用途选用不同种类的毛料。

"我是最严格的质检师，没有之一。"

2 去除毛皮

整理毛料，让毛根对齐，分成小撮（zuǒ），捆成一束一束后清洗，再用石灰水浸泡一夜去除油脂。

"浸泡后要切掉粘在毛根上的兽皮。"

3 去除绒毛

用骨梳将绒毛与废毛梳出。绒毛又细又弯，不能成为毛料。

"不清理出绒毛，毛笔就容易分叉。"

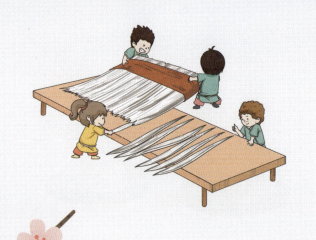

4 排齐毛锋

去除绒毛后，毛撮的每根毛长短不一，要把毛撮对着毛尖方向，一根根地排齐、切齐。

调配毛料 5

有些毛笔的毛是用两三种甚至更多的毛料混合做成的，毛料要调配得刚刚好。

"爷爷，是这样做吗？"

"嘴上无毛，办事不牢，还得我自己来。"

6 切出笔形

将调配好的毛料切出符合笔性*的形状，再用骨梳梳整齐，使毛料分布均匀。

*笔性指毛笔的性质，如尖粗、长短等。

7 卷制笔芯

毛料用胶水沾湿后平铺在板上，把一支毛笔所需的毛量卷成笔柱，再调整笔锋。记得用细尖刀切掉尖尖的断锋。

"要用拇指慢慢卷成饱满的笔柱。"

"用力要均匀，不然笔头会变形哦。"

8 固定笔头

等笔头晾干后，用尼龙绳将笔头绑紧。

9 制作笔杆

做笔杆的材料很多，有竹、木、瓷……将选好的竹子裁成合适的长度，就能制作出竹质笔杆。

"囝子不哭，我们去找新鲜竹子。"

"把我的午饭还给我！"

粘接笔头和笔杆 **10**

在竹段中挖出 3 厘米左右深的洞，涂上卡拉胶，粘接笔头和笔杆。

毛笔的结构

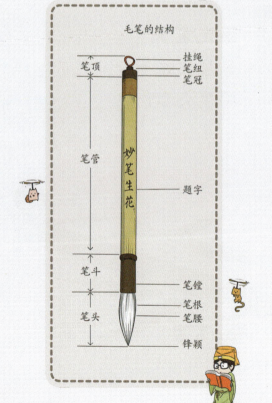

笔顶	挂绳
笔管	笔纽
	笔冠
	妙笔生花 题字
笔斗	笔镫
	笔根
笔头	笔腰
	锋颖

11 刷毛定型

用笔梳把笔毛刷整齐，清理毛屑，然后将其泡入定型用的海藻胶中。

12 刻字

最后在笔身上刻字，增加美感。

一点如漆·墨

  墨锭（dìng）是文房四宝之一，它的主要原料是烟料、胶和中药等。

  在人工墨出现之前，人们一般用天然墨做书写材料。汉代开始有了人工墨，最初用手捏合，后来使用模制，墨的质地越来越坚实。在宋代，名墨更成了文人书桌上的赏玩之物，很多文人大多有藏墨的爱好。

  小小的墨锭，制作讲究，工序复杂，是匠人们心思和精力的结晶。

墨锭的制作过程

1 点烟

选好古松枝，放在烟房里点燃，燃尽后取出烟灰。同样重的烟灰，体积越大，比重越小，颗粒越细，质量越好。

2 和胶

将烟灰倒入缸中，再倒入煎好的胶和中草药配料，开始搅拌。

用牛皮或鱼鳔熬成的胶

中草药配料

"第9999下！"

3 制墨

搅拌好后倒入铁臼里进行捶捣，要捣无数次。

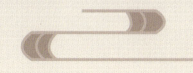

4 塑形

将一大坨墨锭做成圆柱状，放入模子里压制。

"一两墨要晾6个月。"

5 晾墨

等墨锭在模具中成型后取出晾干，其间定期翻面，墨房要保持恒温恒湿，一两墨需要晾6个月。墨锭越大，晾晒时间越久。

重量单位：两

两是我国常用的重量单位。古代以二十四铢为一两，以十六两为一斤，故有成语"半斤八两"。意思是指彼此不相上下，实力相当。

现代以1斤的十分之一为1两，1两等于50克。

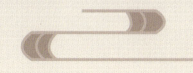

33

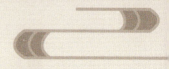

6 描金、填彩

晾干后，在墨锭上描上颜色，增加美感。

"我什么时候才能像师傅一样拿笔不抖呀？"

7 包装

用木盒或锦盒包装，出厂。

墨是怎么磨出来的？

墨锭在常态下是固体，想要把它变成墨水，就要在砚台里面加入清水，然后不停地在砚上持墨锭垂直打圈，不要斜磨或直推。磨毕要把剩下的墨锭装进盒子里，以免干裂。

纸寿千年·宣纸

　　我们去博物馆的时候，常常能看到一些流传了上千年的书画作品。你有没有想过，它们为什么可以保存那么久？这就不得不提到"文房四宝"之一的宣纸。

　　宣纸是安徽（huī）宣城泾（jīng）县的特产。据记载，唐代天宝年间，宣城就已经开始向朝廷进贡纸和笔了。宣纸具有润墨性好、韧性强、不易虫蛀等特点，因此被称作"纸中之王""千年寿纸"。我们现在就来揭开宣纸的秘密吧！

1 做浆

🔹 做皮料浆：用青檀树的树皮做原料，经过洗涤、碱蒸、摊晒、鞭皮、洗皮等工序，将檀皮漂白成浆。

🔹 做草料浆：用精选的沙田稻草做原料，经过切草、捣（dǎo）草、反复蒸煮与日晒等工序，将稻草漂白成浆。

做混合纸浆 2

将皮料浆和草料浆按比例混合，经过筛选、打匀、切片和踩踏等工序，成团后装入纱布袋里，再放进水池中来回搅动做成混合纸浆。

制浆

把纸浆和猕（mí）猴桃藤（téng）汁一起倒入纸浆池中，搅拌均匀。

4 捞纸

🔷 首先将纸帘放入纸浆池中，让纸浆均匀地附在纸帘上，一张宣纸就基本成型了。捞纸这一步很关键，直接决定了宣纸的厚度和平整度。

🔷🔷 然后从纸帘上取下成型的宣纸，一张一张地叠好。

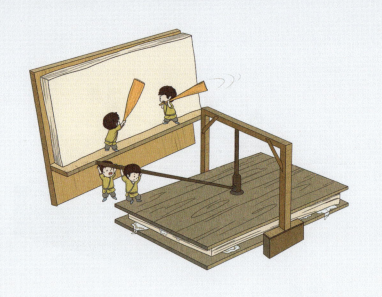

5 晒纸

🔵 先挤压出宣纸中的水分，再拍打宣纸，让它变松。

🔵🔵 然后，把宣纸一张张揭下来，平贴在火墙上烘干。

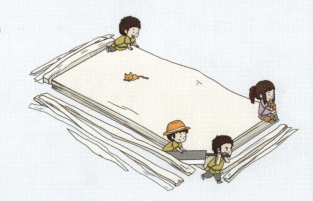

6 检查质量

最后，对烘干后的宣纸进行质量检查，然后把四边裁剪整齐。

润色先生·砚台

　　噔噔噔！文房四宝中的最后一位登场了，它就是"润色先生"——砚台。

　　最初的砚，只是一块被磨平的石器。自秦汉以来，古人就一直在寻找适合制作砚台的材料，比如铜、铁、陶、瓷等。不过，石材仍然是最主要的制作材料。

　　因为砚台质地坚固，可以代代相传，还可以在上面雕刻、绘画，所以今天的砚台不再是单纯的磨墨文具，而是具有收藏价值的精美的工艺品。

砚台的制作过程

1 **挑选好石材**

一看石材的纹路和颜色，二听敲击石材时发出的声音。

"听起来像铜器，这块石材不错。"

咚！咚！

2 **做石料**

用切割机来切割大小不同的石材。

"给加班费吗？"

"呜呜，找不到设计灵感。"

3 **设计图样**

在石料上用铅笔画出图样。

粗雕：

用电磨机雕刻出砚台的造型。
雕刻过程中需随时往切割机上
浇水，这样既能保护电磨机的
磨头，也能减少灰尘四处飞溅
对环境和人体造成的危害。

4 雕刻

精雕：

使用铲刀、平刀、尖刀等
雕刻工具，进行精雕细刻。

磨光 5

先用油石，再用砂纸，
慢慢地把砚台磨得光滑。

6 上蜡

用毛刷在砚的表面刷上液体蜡，
刷完后晾干，砚台就做好了！

"我的传家宝！"

"还没晾干！"

"哪里有卖？我要立刻去买！"

四大名砚

中国有四大名砚，分别是：甘肃洮（táo）州的洮河砚、广东肇（zhào）庆市的端砚、安徽歙（shè）县的歙砚、山西新绛县和山东泗（sì）水的鲁柘（zhè）澄泥砚。其中，群砚之首当属端砚，唐代肇庆端溪一带已开始生产端砚，宋代更把端砚列为"贡品"。

端砚

歙砚

洮河砚

澄泥砚

石头印章传奇千年

在欣赏书画作品时，你有没有留意到作品上的印章呢？印章蘸上印泥轻轻一压，就能在纸上印出文字或者图案，这就代表着你是这幅作品的作者或收藏者。我们熟悉的清代乾隆皇帝就是一个"盖章狂魔"。

制作印章的材质有木头、石头、金属等。最早的印章大多是用金属做成的，后来人们发现用石头雕刻印章更为轻松，而且能展现的艺术形式也更加丰富，所以石料成了制作印章的主流材料。

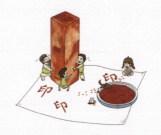

昌化石

青田石

巴林石

寿山石

1 挑选石材

选择自已喜欢的石材。

2 锯石

用小钢锯把石材锯成印章的形状，得到印章石。

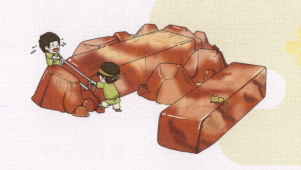

3 打磨、铲蜡

用砂纸把印章石要刻字的一面打磨得光滑、平整，然后用刮刀铲掉表层的蜡。

画图案 **4**

确定印章的文字或图案后，用笔在印章上画出内容。石头光滑，在上面写字或画画都不容易，所以最好在纸上多练习几次。

"把字反着打印出来照着画。"

雕刻有两种，一种是阴文（凹进去的），一种是阳文（凸出来的）。图中在刻的是阳文。

5 雕刻

沿着画好的内容仔细雕刻，雕刻过程中随时更换大小合适的刻刀。

完成 **6**

印章刻好后，用水洗干净，就可以盖章啦。小小的一枚印章，是书法、章法*、刀法三者完美的结合。

*章法：篆刻术语。

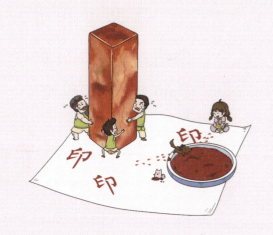

高雅肃穆·青花瓷

瓷器发源于中国，在英语中，瓷器（china）与中国同用一词，可见瓷器在世人眼中已经成为中国艺术的标志。

瓷器在唐代开始大量销向国外，近至日本，远至埃及。有趣的是，埃及虽与中国相隔万里，但竟然出土了唐宋元明清不同朝代的陶瓷器，可见陶瓷器在国外的受欢迎程度。

青花瓷作为中国瓷器的主流品种之一，以其明净素雅而广受欢迎。我们来了解一下青花瓷的制作过程吧！

1 揉泥

揉泥的目的是排掉泥料中的气泡和杂质，让泥料更紧致。

2 拉坯

双手捏泥，做出坯体形状，再将粗坯自然阴晾。

3 印坯

将半干的坯体放在土制磨具上，用手按拍，目的是让手工成形的坯体在烧制后能整齐划一。

4 利坯

将阴晾好的坯放在辘轳（lù lu）上做精加工，目的是让它更光整圆润。

5 荡里釉

均匀晃动坯体，让釉（yòu）料覆盖整个内壁，上好釉后迅速倒出剩余釉浆。

6 画坯

用铅笔在坯体上画草稿，再用羊毫（háo）笔涂上色料。

7 施外釉

绘制完成的瓷坯，需要进行第二次的施釉工序。

满窑 8

把待烧的瓷坯均匀地放进窑体内，高温烧制后，釉下的青花料就会呈现出美丽的蓝色。烧制时温度可达 1300℃，不要靠近哟。

9 出窑

最后，将成品移出火窑，冷却12—18 小时即可大功告成。

两弦奏百曲·二胡

　　二胡，即二弦胡琴，唐代称"奚琴"，宋代称"嵇琴"。作为中国传统的擦奏弦鸣乐器，二胡虽然只有两根琴弦，却能演奏出很多不同的音乐，独特的音色让人印象深刻。如今，二胡已经成为歌舞伴奏和民族乐队大型合奏中弦乐声部的重要乐器。

　　你想知道二胡十大名曲都是什么吗？它们是《二泉映月》《良宵》《听松》《空山鸟语》《寒春风曲》《月夜》《流波曲》《病中吟》《三宝佛》《光明行》。

1 制作琴杆与琴头

🏮 选好木材，锯成合适的长度和形状，将上端刨方，下端刨去棱角，用木锉（cuò）锉成上粗下细的形状。

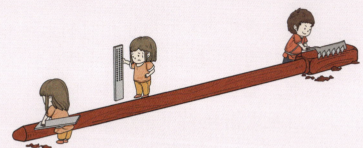

🏮🏮 琴杆上端要刨成方柱体，可以用刨子刨平。

🏮🏮🏮 在琴杆上端拼上粗坯，等胶干了后就可以雕刻琴头。最后在琴杆上端的方柱处钻轴（zhóu）孔，将下端锉成方形后就可以装配啦。

"雕一个霸气的龙头。"

2 制作琴筒

用木料锯出6块尺寸相同的木板（厚度约为10毫米），并拼粘成正六边形。粘好后，在中部锉出凹槽，然后把表面锉光，之后再打磨。

3 鞔（mán）皮

挑选、剪裁蟒（mǎng）皮。裁好的蟒皮经过水煮，用刮刀刮去上面残留的肉和油，皮面均匀后才能进行鞔皮（套皮）的操作。

4 设计音窗

根据琴筒大小切割出音窗的木板。雕刻出镂空的花样，镶嵌在琴筒的另一端。

5 制作弦轴

将选好的木料锯成小段并修圆滑，确定粗的一头的大小后，细的一头按比例修得小一点、圆一点，最后雕刻打磨。

安装 6

将琴轴、琴杆、琴筒、琴弦全部组装起来，用棉线缠出一个线圈。这个线圈叫"千斤"，用来固定琴弦和调整音高。

7 制作琴弓

选择韧性强的细长竹子，通过火烤拗成需要的弧度，再装上160—220根马尾做弓毛。现在的琴弓在弓尾处都加上了调节螺丝，便于调节马尾松紧。

弦乐器小知识

弦乐器是乐器中的一个重要组成部分，除了二胡以外，常见的还有小提琴、大提琴、吉他等。在交响乐团中，各种型号的提琴几乎是固定成员，鲜少有二胡的存在。但随着中国音乐的发展，在很多由中国民族歌曲改编的交响乐中，二胡也有一席之地。

8 安装琴码、制音垫

安装合适的琴码和制音垫，让二胡能奏出更好听的音色。

乐声悠扬的笛子

笛子是迄今为止发现的最古老的汉族乐器，也是汉族乐器中最具代表性、最有民族特色的吹奏乐器，还是中国传统音乐中常用的横吹木管乐器之一。

大部分笛子是竹制的，但也有石笛、玉笛及红木做的笛子，古时还有骨笛。《史记》中记载："黄帝使伶伦伐竹于昆磎（xī）、斩而作笛，吹作凤鸣。"以竹为材料是笛子发展过程中的一大进步，一则竹比骨振动性好，发音清脆；二则竹易于加工，取材方便。

取材 1

将砍下的竹子一段段锯开，取中间的三到四段捆起来，放到仓库中自然风干。

2 烘烤

取一根竹子，通过烤的方式去掉竹子中残余的水分，同时将弯的地方拗直。

3 打通竹节

去掉竹皮，将竹节打通，用毛刷把竹子内壁刷干净，以做到气流通畅。

4 确定调门、钻孔

根据竹子外径和内径的大小确定调门，找准每个孔的位置画记号线，最后钻孔。

锯段 5

由于有的笛子比较长，不方便携带，所以会被做成两段。

6 打通竹节

接口材料一般是铜，接口起着调节笛子音准的作用。

安镶口 7

给笛子的两端安装上"镶口"。

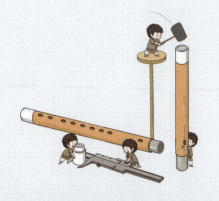

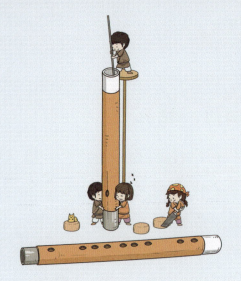

8 加笛塞

在笛子吹孔的一端加入大小合适的软木塞，这个软木塞就叫笛塞，用于调整笛子的音调高低。

打磨、抛光 9

完成打磨和抛光之后，需要再次调整音准。

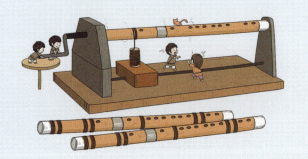

10 扎线

用韧性好的钓鱼线为笛子扎线，既美观又能防止笛子开裂。

认识竹笛

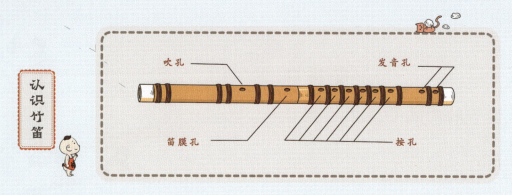

吹孔　　发音孔

笛膜孔　　按孔

细腻温润的 玉镯

　　玉在古人心中是一种美好的象征，它常常出现在诗词或人名之中，比喻一切美好的人或事物，而佩玉也寓意着君子有德。

　　玉镯作为大件首饰之一，出现在距今四五千年前的新石器中晚期，后来发展出各种各样的形状和纹路。玉镯的选材很广，有翡翠、白玉、青玉、玛瑙等，其中尤以翡翠材质的最为珍贵。

　　如今，温润细腻的玉镯仍广受人们的欢迎，一起来看看玉石变成玉镯的加工过程吧。

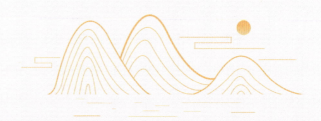

1 擦石

在原石的表皮开一道口，确定绿色的深度、宽度、浓度，判断能否用来做成手镯。

2 开石切片

切开原石，做成切片。

3 画圈

考量裂纹、大小、颜色的分布后，找出最适合的色块，在上面画出手镯的轮廓。

4 吸外坯

将玉石片放到金刚钻车床上，根据外圈直径配上相应大小的钻头，下压钻头，将玉镯吸出。

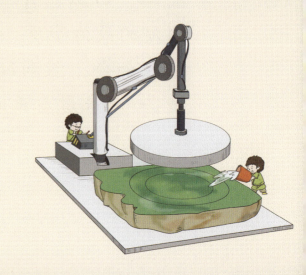

5 检查镯饼

检查玉镯外坯是否有杂质、裂痕或颜色欠佳的区域，没问题才可以进行下一步。

吸内坯 6

吸内坯和吸外坯的工艺相同，吸出的中间部分称为"内坯"（即人们常说的"镯心"）。一个粗糙的手镯就成型了。

7 打顶、拍边

去除瑕疵和裂痕，并磨平棱角。

冲坯 8

将玉镯内外圈的弧度角给磨出来。

9 打磨

继续打磨粗坯，慢慢磨出光面，
直到内外面彻底定型。

10 抛光、清洗

🔴 在玉镯表面涂上膏状的抛光粉，
再用砂轮打磨。

🔴🔴 用毛刷将钻石粉涂抹在玉镯的表面，
用硬皮进行抛光。

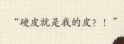

"硬皮就是我的皮？！"

清洗后，用酒精擦拭。

11 上蜡，吹干擦拭

最后上蜡、吹干、擦拭，操作完成
就能得到美丽的玉镯啦！

63

工艺用品小知识

竹子各种各样的用途

竹子的品种很多，有毛竹、寿竹、慈竹等。竹子生长快速且材质坚韧，所以在生活中的应用非常广泛。不少传统工艺品都会用竹子作为原料，如风筝、油纸伞、笛、箫等。除此之外，还有各种各样竹制的生活用品和家具。

品　种	特　点	用　途
毛竹	竿高可达 20 多米，粗 20 多厘米，质地坚韧，四季常青。	既可制成建筑构件如梁柱、棚架等，也可制成各种生活用品、工艺品、乐器，如竹篮、笛、箫等。毛竹还是造纸的原料。
寿竹	竿高可达 20 米，直径约 15 厘米，竹节长，竿壁厚，加工性能好。	可制成各种各样的生活用品，如凉床、竹椅、扫帚、蒸笼等。竹笋外壳还可以用来包粽子。
慈竹	竿高可达 5—10 米，粗 3—6 厘米，竹节多，竿壁薄。	特别适合制成竹纤维纺织品和竹编工艺品，如抹布、竹席，也常常用于造纸。
箭竹	竿高可达 5—6 米，较细，外表光滑，质地厚实。	一般用来制作旗杆、帐杆、笔杆或筷子，劈开后可用于编织篮子。

文房用品有哪些？

笔、墨、纸、砚这文房四宝，是中国独有的书写绘画工具。不过，在古代的文房中，除了这四宝，还有其他配套的书画工具。明代文学家屠隆就在他的《文具雅编》中列举了40多种文房用品，我们来看看常见的还有哪些吧。

名　称	用　途	特　点
印章	用于鉴定或签署。	除了名号章、收藏章等，还有闲章，即刻有书画家自拟的诗词、格言、警句等的章子，以示其对人生和艺术的感悟。
笔筒	用于收纳笔。	材质较多，如瓷、玉、竹、木。人们可在笔筒的外表书写、绘画或雕刻，所以笔筒有较高的收藏价值。
镇纸	镇纸或压书，以保持平整。	多为方形，多用铜铁或玉石制成。
笔架	用于架笔。	又称笔格、笔搁，形状多为山峰形，凹处可架笔，也有植物形，尤其是老树的根枝非常适合做笔架。

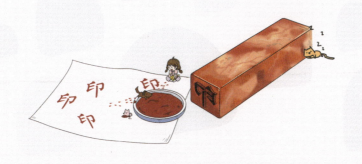